LA GUERRA DE GAZA 2006-2014

Los momentos clave del conflicto palestino-israelí

Por Marie Fauré
Traducido por Marina Martín Serra

Historia   en50MINUTOS.es

LA GUERRA DE GAZA

DATOS CLAVE

- **¿Cuándo?** Entre 2006 y 2014.
- **¿Dónde?** En la Franja de Gaza, en Palestina.
- **¿Contexto?**
  - El conflicto palestino-israelí.
  - La victoria de Hamás en las elecciones legislativas palestinas de enero de 2006.
- **¿Principales protagonistas?**
  - Hamás, organización islamista palestina (creada en 1987).
  - Mahmud Abás, político palestino (nacido en 1935).
  - Benjamín Netanyahu, político israelí (nacido en 1949).
- **¿Repercusiones?**
  - El reconocimiento del Estado palestino.
  - La reelección del Likud (partido conservador) en las elecciones israelíes de marzo de 2015.
  - Las divisiones internas en Gaza.

De todos los conflictos contemporáneos, el que enfrenta Israel con la Franja de Gaza es uno de los que ha provocado más reacciones a escala mundial. Sin embargo, el enclave palestino de Gaza solamente representa una franja de tierra costera de 360 km^2, situada en el extremo oriental del Mediterráneo. No obstante, se trata de uno de los espacios más poblados del planeta, con 1,76 millones de habitantes. De estos, hoy en día el 72 % son considerados refugiados, algo que cristaliza las tensiones.

Desde las elecciones de enero de 2006, el poder está en manos de Hamás, un grupo islamista considerado terrorista por las organizaciones internacionales. A partir de ese momento, las fricciones entre los islamistas e Israel se han multiplicado, y muy a menudo adoptan la forma de enfrentamientos militares, sobre todo desde el bloqueo establecido por Tel Aviv con la ayuda de Egipto, que asfixia el territorio de Gaza.

La población no puede contar con una estructura estatal debido a que el Estado palestino no existe de forma oficial, y esta situación le causa un gran sufrimiento. Golpeada por una grave crisis humanitaria y social, lucha a duras penas para recibir ayuda extranjera. Además, los intentos internacionales para poner fin a los ataques y al bloqueo son discretos y mayoritariamente quedan sin respuesta.

CONTEXTO

UN TERRITORIO DONDE CONVIVEN VARIAS RELIGIONES

Gaza, por ser una encrucijada de las grandes rutas marítimas y comerciales entre Europa, Oriente y África, siempre ha sido un territorio muy codiciado, desde la época de Alejandro Magno (356-323 a. C.) en el año 332 a. C., hasta el periodo de los cruzados en el siglo XII, lo que demuestra que a la dimensión estratégica se le añade una dimensión religiosa que convierte a Palestina en un polvorín. En efecto, se considera que este territorio es la cuna de las tres grandes religiones monoteístas: el judaísmo, el cristianismo y el islam. Además, en él se encuentran la mayoría de los lugares sagrados. Aunque desde el siglo XIII Gaza está ocupada por los otomanos musulmanes, sigue siendo un territorio históricamente inestable.

EL SIONISMO Y EL RETORNO A LA TIERRA PROMETIDA

A finales del siglo XIX, a raíz de la persecución de la comunidad judía en Europa central y del Este, surge el movimiento sionista, que aboga por un retorno a la Tierra Prometida, la Palestina de la que los judíos fueron expulsados por los romanos en el año 135 d. C. Theodor Herzl (periodista húngaro, 1860-1904) declara así en el Primer Congreso Sionista que organiza en Basilea en 1897 que el objetivo final del sionismo es «crear para el pueblo judío un hogar en Palestina amparado por el derecho público» (Baldomir y Laviña 1983, 309).

La Declaración Balfour de 1917 refuerza las convicciones sionistas anunciando el apoyo de Gran Bretaña al establecimiento de un hogar nacional judío en Palestina. En 1922, tras el desmantelamiento del Imperio otomano, la Sociedad de Naciones (SDN) coloca la región bajo mandato británico. Por consiguiente, continúa la inmigración judía que había comenzado a principios de siglo: mientras que en 1922 la proporción de la población judía en el territorio es del 10 %, en 1936 alcanza el 38 %, y esta situación pronto causa un gran número de revueltas de los pueblos autóctonos, desposeídos poco a poco de sus tierras. La situación es tan tensa que los británicos proponen varias veces supervisar la llegada de la población judía, al tiempo que prometen la creación de una Palestina independiente.

La Segunda Guerra Mundial (1939-1945) y el genocidio perpetrado por los nazis contra los judíos marcan un punto de inflexión en la historia de Palestina y Gaza, y refuerzan todavía más el fenómeno de la inmigración. Así, en 1947, los judíos ya representan casi un tercio de la población palestina. Ante esta situación, la recién creada Organización de las Naciones Unidas (ONU) se ve obligada rápidamente a encontrar una solución para regular la convivencia con los pueblos árabes que se sienten cada vez más perjudicados. El 29 de noviembre de 1947, la organización propone un plan de partición para crear dos Estados separados: el 56,5 % de Palestina se convertiría en un Estado judío; el 43,5 % sería un Estado palestino homogéneo; y, finalmente, Jerusalén permanecería bajo tutela internacional. Palestina y los países árabes rechazan la propuesta por unanimidad.

LA PROCLAMACIÓN DEL ESTADO DE ISRAEL Y EL PRIMER CONFLICTO PALESTINO-ISRAELÍ

El final del mandato británico en 1948 deja el campo libre a la proclamación unilateral del Estado de Israel por David Ben Gurion (político israelí, 1886-1973) el 14 de mayo del mismo año. Al día siguiente, estalla la primera guerra entre Israel y los países árabes, que se oponen a la creación de ese nuevo Estado. A partir de entonces, Gaza se convierte en un refugio para los palestinos expulsados de su territorio: en seis meses, su población aumenta de los 70 000 a los 250 000 habitantes. El fin de los combates en 1949 establece una línea divisoria que confirma la fragmentación de los territorios palestinos. Las fronteras de la Franja de Gaza se detienen, y ese territorio se coloca bajo administración egipcia.

En 1967, al ganar la guerra de los Seis Días contra los países árabes, Israel recupera la Franja de Gaza y establece una política de colonización, con el objetivo de evitar cualquier posibilidad de creación de un Estado palestino por medio de la expansión del espacio que rompe la continuidad geográfica palestina. Así, en los años ochenta, Israel explota el 42 % de las tierras de Gaza, a pesar de un número de colonos limitado (aproximadamente 6000 en 2000).

LOS INTENTOS PARA LOGRAR LA PAZ

La comunidad internacional y una parte de la opinión israelí toman consciencia de la gravedad de la situación durante la Primera Intifada (la guerra de las piedras) en 1987, dirigida por los palestinos en los territorios ocupados (la Franja de Gaza y Cisjordania), y su violenta represión por parte de Israel. Los Estados Unidos deciden establecer un proceso de paz, reuniendo en Madrid, el 30 de octubre de 1991, a Israel, Siria, Líbano, Egipto, Jordania y la Organización para la Liberación de Palestina (OLP). Mientras tanto, algunos representantes israelíes y palestinos inician negociaciones secretas en Noruega, con el requisito previo del reconocimiento mutuo de la OLP y el Estado de Israel. Este es el comienzo del Proceso de Oslo. El Acuerdo de El Cairo u Oslo I de mayo de 1994 dispone el establecimiento de un período de autodeterminación de cinco años para Palestina y la autonomía para la Franja de Gaza (excluyendo los asentamientos israelíes), mientras que los Acuerdos de Taba u Oslo II de septiembre de 1995 aprueban el establecimiento de la Autoridad Ejecutiva y el Consejo Palestino, que se establecen en Gaza. Sin embargo, la llegada del Likud al poder en Israel interrumpe el proceso de paz.

Los Estados Unidos intentan reactivar las negociaciones en varias ocasiones. El Acuerdo de Wye Plantation en octubre de 1998 y el Memorándum de Sharm el-Sheikh en septiembre de 1999 contemplan la creación de un puerto y de un aeropuerto en Gaza, así como el establecimiento de una conexión por carretera entre Gaza y Cisjordania, que finalmente se acabará abriendo; lo mismo ocurre con el aeropuerto, pero Israel conserva su control. Mientras en julio de 2000 empieza una nueva cumbre en Camp David, la OLP anuncia oficialmente su voluntad de proclamar la independencia de Palestina el 13 de septiembre siguiente, con los límites de 1967, y de aplicar el derecho de retorno de los refugiados inscritos en la Convención de Ginebra. Es el fin del proceso de paz.

HACIA LA RADICALIZACIÓN

Durante la década de los años 2000 se multiplican los actos de violencia y provocación. El 28 de septiembre de 2000, la visita del líder del Likud, Ariel Sharon (político israelí, 1928-2014), en la explanada de las Mezquitas en Jerusalén Este origina la Segunda Intifada. Ambos bandos se radicalizan: Hamás perpetra atentados mortíferos, Israel lleva a cabo una represión indiscriminada. Asistimos a un aumento de la violencia. En marzo de 2002, el ejército israelí lanza la Operación Muralla en la Franja de Gaza, con el fin de desmantelar la Autoridad Palestina y asesinar a los líderes de Hamás, mientras que Tel Aviv comienza la construcción de un muro para separar Cisjordania e Israel.

En 2005, el Gobierno de Israel decide evacuar a los colonos judíos presentes en la Franja de Gaza y reforzar los cruces fronterizos. Esta retirada refuerza la posición de Hamás, ya muy influyente en Gaza gracias a su red asociativa de ayuda mutua, lo que tiende a demostrar que la lucha armada es más eficaz que el diálogo preconizado por la Autoridad Palestina. Su popularidad se confirma unos meses más tarde con su victoria en las elecciones legislativas de enero de 2006, ante la gran preocupación de la comunidad internacional.

ACTORES PRINCIPALES

HAMÁS, ORGANIZACIÓN ISLAMISTA PALESTINA

Hamás («celo» en árabe) es una organización islamista creada el 9 de diciembre de 1987 durante la Primera Intifada por seis miembros de los Hermanos Musulmanes. En 2001, tanto Israel como la comunidad internacional la consideran una organización terrorista. Su objetivo inicial es «reislamizar» a la sociedad palestina mediante una fuerte implicación en el terreno social e ideológico pero, a partir de la Segunda Intifada y de su violenta represión por parte de Israel, la organización elige la vía de la lucha armada, reivindicando varios atentados suicidas en territorio israelí.

El desmantelamiento de la Autoridad Palestina por parte de Ariel Sharon en 2002 permite que Hamás entre en el ruedo político, a pesar del asesinato de sus líderes. Hamás, muy implantado en la Franja de Gaza y vencedor en enero de 2006 de las elecciones legislativas palestinas, excluye al Fatá (organización palestina miembro de la OLP) de Mahmud Abás en junio de 2007 tras una confrontación mortífera.

A veces abrumados por grupos islamistas todavía más radicales, como la Yihad Islámica, y aislados desde un punto de vista regional e internacional, Hamás y el jefe de su oficina política, Jaled Mashal (nacido en 1956) parecen hoy favorables a un acercamiento con Fatá, aunque todavía se niegan a reconocer la existencia del Estado de Israel.

MAHMUD ABÁS, POLÍTICO PALESTINO

Retrato de Mahmud Abás.

Nacido el 1935 en Safed, en Galilea, Mahmud Abás se convierte en refugiado sirio en 1948. Es uno de los fundadores
de Fatá, en 1959, y es elegido al Consejo Nacional Palestino

en 1968. Vuelve a Palestina en 1995, donde es nombrado secretario general de la OLP.

A partir de los años setenta, desempeña un papel de pionero al promover los contactos entre la OLP y los sectores de la izquierda israelí, y participa en las negociaciones secretas de los Acuerdos de Oslo a principios de los años noventa. Se muestra descontento con la aplicación de estos acuerdos, al tiempo que sigue siendo, sin embargo, uno de los únicos dirigentes palestinos en condenar públicamente la militarización de la Segunda Intifada.

Tras la muerte de Yasir Arafat (político palestino, 1929-2004), es elegido presidente de la Autoridad Palestina el 9 de enero de 2005. Entonces, consigue volver a establecer contactos con Israel y obtener una «tregua». Un año más tarde, a pesar de la victoria de Hamás en las elecciones legislativas, se mantiene a la cabeza de la Autoridad Palestina con el apoyo de los países occidentales y trabaja para el reconocimiento internacional del Estado palestino.

BENJAMÍN NETANYAHU, POLÍTICO ISRAELÍ

Retrato de Benjamín Netanyahu.

Benjamín Netanyahu nace en Tel Aviv en 1949. Su padre está vinculado al sector ultranacionalista judío, y el mismo Benjamín queda profundamente afectado por la muerte de su hermano en un ataque contra terroristas alemanes y palestinos. Durante los años sesenta se instala en los Estados Unidos y es nombrado jefe adjunto de misión en la embajada de Israel en Washington en 1982, y después representante de Israel ante la ONU de 1984 a 1988.

Su carrera política en Israel empieza en 1988, cuando es elegido al Knesset (parlamento del Estado de Israel) desde la lista del Likud. Nombrado viceministro de Asuntos Exteriores, participa con este cargo en la Conferencia de Madrid en 1991. Se convierte en presidente del Likud en 1993, antes de ser elegido primer ministro en 1996.

Se opone a cualquier acuerdo con la OLP y, cercano al ala más conservadora del *lobby* pro-Israel en los Estados Unidos, aboga por la construcción del Gran Israel y por continuar con la colonización, al tiempo que rechaza cualquier posibilidad de formación de un Estado palestino.

Derrotado en las elecciones de 1999, renuncia a su trabajo en el Likud, pero regresa en 2002 al gabinete de Ariel Sharon, su sucesor. Se opone con vehemencia a la retirada de la Franja de Gaza, y en señal de protesta dimite del Gobierno en 2005. Sin embargo, vuelve a la cabeza del Likud el mes de diciembre siguiente. En 2009, toma las riendas de un Gobierno de coalición y vuelve a ganar las elecciones legislativas de marzo de 2015.

LA GUERRA DE GAZA

LAS OPERACIONES MILITARES

Dos meses después de su elección (enero de 2006), Hamás busca instaurar el miedo en el bando adversario, mediante el lanzamiento de cohetes y de granadas de mortero desde Gaza sobre el sur de Israel, así como mediante la realización de incursiones en la frontera israelí. En una de ellas, el 25 de junio de 2006, Hamás captura a Guilad Shalit, un soldado israelí. La respuesta de Tel Aviv no tarda en llegar y, el 28 de junio, el ejército israelí lanza una amplia ofensiva aérea y militar sobre Gaza, la llamada Operación Lluvia de Verano, con el objetivo de bombardear las posiciones islamistas. Sin embargo, las consecuencias para los civiles resultan desastrosas.

¿SABÍAS QUE...?

Las principales víctimas de la guerra de Gaza son, ante todo, los civiles, agrupados en zonas con una densidad muy alta y muy vulnerables. Durante la Operación Lluvia de Verano, Nabil al Salmiah, su mujer, sus cinco hijas y dos de sus hijos mueren tras el bombardeo de su casa por parte del ejército israelí. Este último, acusado de haber atacado a civiles, se defiende diciendo que su ataque iba dirigido a militantes de Hamás, sin saber que había una familia viviendo en ese lugar.

Desde entonces, la guerra de Gaza oscila entre periodos

de paz relativa —alterados por disparos de cohetes desde Gaza y por incursiones israelíes—, y periodos de ataques militares frontales llevados a cabo por el ejército israelí en el territorio gazatí.

Hamás aprovecha el final de las operaciones militares para excluir Fatá de Gaza. A pesar de un alto el fuego firmado entre las dos fuerzas palestinas el 10 de mayo de 2007, Hamás derrota a Fatá durante la noche del 14 al 15 de junio. Así, Palestina se encuentra dividida en dos entidades: Cisjordania, liderada por Fatá, y la Franja de Gaza, en manos de Hamás. En respuesta, el Gobierno de Israel declara a Gaza territorio hostil y comienza a aplicar sanciones económicas. El 27 de febrero de 2008, después del enésimo lanzamiento de cohetes desde Gaza, el ejército israelí lanza la Operación Invierno Caliente, causando 130 muertes entre los palestinos así como grandes daños materiales. Hamás también decide pasar a la ofensiva con la Operación Romper el Cerco, combatiendo el bloqueo económico. A partir del 9 de abril, algunos comandos palestinos atacan los puestos de control en manos del ejército israelí. Sin embargo, gracias a la mediación de Egipto, Hamás e Israel finalmente logran firmar una tregua de seis meses en junio de 2008.

Sin embargo, la tregua no se renueva y en diciembre se reanudan las hostilidades, puesto que Hamás acusa a Israel de no respetar el alto el fuego y de haber multiplicado las incursiones en el territorio de Gaza, y puesto que Tel Aviv dice haber descubierto túneles que Hamás habría excavado debajo de la frontera para introducir armas en Gaza. El 18 de diciembre, el líder de Hamás declara el fin del alto el fuego, contra la opinión del Hamás local y, a partir del 24 de diciembre, vuelven a producirse múltiples lanzamientos de cohetes sobre el sur de Israel. En represalia, el Gobierno de Israel lanza la Operación Plomo Fundido el 27 de diciembre, comenzando por ataques aéreos y marítimos que tienen como objetivo los edificios de la Administración de Hamás, los servicios de seguridad, los túneles y los líderes de la organización. Al cabo de una semana, mientras que la prensa internacional tiene prohibido el acceso a la zona desde el 29 de diciembre, el ejército israelí lanza un ataque terrestre y divide en dos la Franja de Gaza. La comunidad internacional multiplica sin éxito los llamamientos para que cesen los combates o para el establecimiento de treguas humanitarias, hasta que Israel declara un alto el fuego unilateral el 18 de enero.

Esta operación militar resulta particularmente devastadora. Las consecuencias sobre las infraestructuras de Gaza son nefastas, con casi un tercio de las escuelas y de los hospitales destruidos, junto con una parte de los medios de producción. La inseguridad alimentaria, que en 2006 afectaba a menos del 50 % de la población, ahora afecta al 75 %. Los testigos, muy conmocionados, relatan la violencia de los combates, y describen las fuerzas israelíes abriéndose paso en zonas urbanas superpobladas, los hospitales saturados, la ausencia de medicinas y alimentos, la falta de electricidad y combustible. El balance es trágico, con más de 1300 muertos y 5000 heridos en el bando palestino —el 40 % de los cuales son mujeres y niños—, mientras que el balance para Israel es de 13 muertos —3 de los cuales son civiles— y 80 heridos.

Destrucción de un barrio residencial tras la Operación Plomo Fundido.

El 18 de agosto de 2011, algunos palestinos procedentes de Gaza perpetran tres atentados contra vehículos civiles y militares cerca de la localidad costera de Eilat, en el sur de Israel, matando a ocho personas, entre ellas seis civiles, y causando muchos heridos. Tel Aviv acusa a Hamás y responde con varios ataques aéreos. La organización islamista, que niega cualquier implicación en los ataques, decide romper la tregua de enero de 2009. Una nueva intervención egipcia logra disuadir a Israel de lanzar una operación terrestre a cambio del compromiso de Hamás de respetar el alto el fuego. El 28 de octubre de 2011, mediante un intercambio de prisioneros, el soldado Guilad Shalit es liberado.

Sin embargo, el alto el fuego sigue siendo precario y, el 5 de agosto de 2012, durante el ataque de un puesto fronterizo entre Egipto e Israel, un comando palestino toma un tanque y entra en el territorio israelí, antes de ser neutralizado. Como represalia, Egipto cierra su frontera con Gaza.

El 14 de noviembre, impulsado por la voluntad de aniquilar a los grupos islamistas, el Tzahal (el ejército israelí) lanza durante ocho días la Operación Pilar de Defensa en la Franja de Gaza. Esta ofensiva por aire, mar y tierra, que desde el primer día de lucha consigue alcanzar al jefe de las operaciones militares de Hamás, no solo tiene como objetivo los edificios políticos, sino también las infraestructuras. Las respuestas palestinas también son violentas. El 16 de noviembre, por primera vez, los disparos procedentes de Gaza alcanzan los alrededores de Jerusalén y Tel Aviv, al tiempo que los palestinos perpetran ataques suicidas en territorio israelí. Después del alto el fuego concluido el 21 de noviembre, en el bando palestino se lamentan 155 muertos y más de 1000 heridos, mientras que en el bando israelí se han producido 5 víctimas mortales.

Esta nueva tregua se respeta más o menos, hasta el 8 de julio de 2014, cuando el ejército israelí organiza una nueva operación militar contra Gaza como respuesta al secuestro y asesinato de tres estudiantes israelíes. Tel Aviv sospecha de nuevo de Hamás, y las investigaciones que inicia Israel para encontrar a los estudiantes originan, en un primer momento, cientos de detenciones y violentos enfrentamientos en Cisjordania y en Jerusalén. Durante los 50 días que dura la Operación Margen Protector, los bombardeos aéreos y marítimos, aliados de los soldados en tierra, causan daños sin precedentes: se borran del mapa barrios enteros. Tras esta operación, cerca de 108 000 personas han perdido su hogar, hay 200 000 desplazados y 2131 fallecidos. De estos últimos, 1471 son civiles, entre los que se cuentan 501 niños. En el bando israelí, este episodio es particularmente mortífero dado el número de víctimas que se produce habitualmente: los israelíes lamentan 72 muertos, 66 de los cuales son soldados.

Imagen de la destrucción en Gaza tras la Operación Margen Protector.

EL BLOQUEO

En paralelo a las operaciones militares, la guerra de Gaza

también toma la forma de un bloqueo económico y físico que pesa mucho en la vida diaria de sus habitantes. Si, a partir de la victoria de Hamás a principios de 2006, Israel prohíbe a los habitantes de Gaza que trabajen en su territorio, Israel y Egipto no aplican el bloqueo realmente hasta octubre de 2007, tras la toma de control total de Hamás sobre la Franja de Gaza. El enclave palestino se convierte entonces en una verdadera prisión al aire libre, y los pocos pasos fronterizos están estrechamente vigilados por los ejércitos de Israel y Egipto.

¿SABÍAS QUE...?

El paso de los puestos de control para entrar o salir de Gaza es una prueba tanto moral como física, tal como explica Christiane Hessel-Chabry, miembro de la asociación de defensa de los niños EJE (siglas en francés para les Enfants, le Jeu, l'Éducation, que significa «los niños, el juego, la educación»). Para llegar a Gaza es necesario, primero, presentarse en el puesto fronterizo israelí, donde los candidatos deben esperar durante largas horas bajo el sol, sin agua ni baño, sin saber si podrán pasar. Después de este primer control, todavía tienen que recorrer a pie un largo trayecto polvoriento para alcanzar el puesto fronterizo palestino controlado por Hamás, donde vuelven a ser controlados e interrogados.

El control también se aplica a las aguas territoriales y al espacio aéreo. En octubre de 2006, Israel fija el límite de las aguas accesibles a los gazatíes en seis millas, un límite que en enero de 2009 se reduce a la mitad. Desde entonces, los pescadores palestinos se ven obligados a quedarse cerca de las costas, bajo la vigilancia israelí. Mientras que en abril de 2007 los datos revelan que los palestinos pescan anualmente 292 toneladas de pescado, en 2009 esta cantidad se ha reducido a 79 toneladas. Este control del espacio adopta una dimensión más estratégica en 2010, con el descubrimiento de yacimientos de gas frente a la costa. En cuanto al espacio aéreo, el ejército israelí lo utiliza a su antojo, y el aeropuerto es destruido ya en 2002.

El bloqueo también permite que los israelíes controlen las mercancías que entran en Gaza. El número de camiones cargados de alimentos autorizados a penetrar en el enclave palestino es de 4000 al mes en 2010 —es decir, un tercio de lo que podía entrar antes del establecimiento del bloqueo—, y esta cantidad incluso cae a 20 en noviembre de 2008. El acceso a los alimentos y a los medicamentos es particularmente problemático en época de guerra, ya que el ejército israelí cierra por completo los cruces fronterizos. Israel también controla el acceso de los palestinos a las materias primas. La escasez de materiales de construcción es un drama para los gazatíes, que no pueden reconstruir los edificios destruidos por los diferentes ataques israelíes. Tras la Operación Plomo Fundido, el 11 de enero de 2008, la UNRWA (Agencia de Naciones Unidas para los refugiados de Palestina en Oriente Próximo) informa de 20 000 casas destruidas y de más de 50 000 otras consideradas inhabitables.

A partir de ese momento, las familias no tienen más remedio que acampar en las calles o en las ruinas de las viviendas. Si, tras la demanda de los Estados Unidos, en verano de 2010 se autoriza temporalmente la entrada de materiales, esta se limita a los proyectos supervisados por las organizaciones internacionales. Así pues, a los gazatíes les sigue siendo imposible reconstruir las fábricas destruidas por los bombardeos. Israel incluso prohíbe la entrada de papel en Gaza a finales de 2007, para cortar la propaganda de Hamás.

El acceso a la energía también es controlado. El suministro de combustible, que pasa por el punto de control de Nahal Oz, situado al noreste de Gaza, es esporádico y con frecuencia se suprime por completo, así como el acceso a la electricidad y al agua potable. Desde la Operación Plomo Fundido, en la que se produce el bombardeo de la central eléctrica que proporciona el suministro a Gaza, los cortes de electricidad son muy habituales para sus habitantes, con graves consecuencias para la vida cotidiana. El acceso al agua también es problemático. La mitad del agua extraída del acuífero de Gaza se transporta a Israel, lo que limita en gran medida las posibilidades de cultivos de regadío en el enclave palestino. Si los habitantes de Gaza pudieran disfrutar de su agua, se estima que se podrían irrigar 40 000 hectáreas de tierra. Además, un informe de la UNRWA en junio de 2014 indica que el 90 % del agua de Gaza no es apta para el consumo humano, debido a la sobreexplotación israelí y a la contaminación.

Finalmente, el bloqueo también es financiero: desde 2006, el Gobierno de Israel ha suspendido el pago de impuestos —el IVA y los aranceles aduaneros— que le debe a la Autoridad

Palestina.

Las consecuencias de este bloqueo son extremadamente graves para la sociedad y la población de Gaza, donde casi el 60 % de los habitantes es menor de 14 años. Sin embargo, las asociaciones insisten en los traumas que esta medida ha causado en los niños. Más del 72 % de la población se considera refugiada. De estos refugiados, casi la mitad se agrupan en los ocho campos establecidos por la ONU. La tasa de desempleo es alta, especialmente entre los jóvenes, y el 70 % de la población vive por debajo del umbral de la pobreza. Un informe de la UNCTAD (Conferencia de las Naciones Unidas sobre Comercio y Desarrollo) de septiembre de 2012 muestra que la mitad de las tierras cultivables y el 85 % de los recursos pesqueros se han vuelto inaccesibles para los habitantes de Gaza. Esta situación alimenta la frustración de la población, que se va radicalizando gradualmente.

¿SABÍAS QUE...?

La UNRWA es una agencia creada por la ONU en 1949, encargada de los refugiados palestinos. Esta organización considera que es refugiada palestina toda persona «cuyo lugar de residencia era Palestina entre el 1 de junio de 1946 y el 15 de mayo de 1948, y que perdió su hogar y medios de vida como resultado de la guerra árabe-israelí de 1948» (Resolución 194 del 11 de diciembre de 1948). El estatus de refugiado también está definido en la Convención de Ginebra de 1951.

CONTRARRESTAR LOS EFECTOS DEL BLOQUEO: LAS ACCIONES DE HAMÁS Y LA INTERVENCIÓN HUMANITARIA

Varios actores tratan de mitigar los efectos del bloqueo sobre la población local. El primero en hacerlo es Hamás. En enero de 2008, consigue forzar la frontera egipcia con la ayuda de explosivos; otras veces trata de engañar a los controles israelíes, como el 19 de mayo de 2006, cuando un portavoz de la organización es detenido en el puesto de control de Rafah mientras transportaba un millón de dólares a Gaza; no obstante, el método más utilizado por la organización y el que resulta más eficaz es el de la excavación de túneles bajo las fronteras con Israel y Egipto. En 2011, las Naciones Unidas contaban que había 600 hacia Egipto. Estos túneles permiten que Hamás entre mercancías en Gaza, generalmente escoltadas por adolescentes, pero también que participe en tráficos de todo tipo, promoviendo así la economía sumergida. La ONU estima, por ejemplo, que en septiembre de 2011 se introducen 90 000 toneladas de cemento en Gaza de esta manera. Israel intenta bloquear los túneles, acusando a Hamás de llevar armas a Gaza a través de estos pasajes. Egipto, por su parte, adopta una actitud diferente sobre este asunto según el poder vigente. El presidente egipcio Hosni Mubarak (nacido en 1928), hacía la vista gorda sobre su existencia la mayor parte del tiempo, mientras que, después del levantamiento de 2011, Mohamed Mursi (estadista egipcio, nacido en 1951), con el apoyo de los Hermanos Musulmanes, facilita el tráfico abiertamente. Pero el golpe de Estado de 2013 apoyado por el ejército implica la reconsideración del tratamiento de Gaza: se cierra la frontera y se prohíben los túneles. Durante su visita a Gaza en marzo de 2010, el coordinador del socorro de emergencia de las Naciones Unidas, John Holmes, cree que «si estos túneles son bloqueados, por muy indeseables que puedan ser y por muy indeseables que sus consecuencias puedan ser sobre la sociedad y la economía de Gaza, la situación sin ellos sería completamente insostenible»[1] (IRIN news 2010).

---

1. Cita traducida por 50Minutos.es

Descubrimiento de un túnel utilizado por Hamás.

Hamás también actúa en el ámbito social, mediante la creación de numerosas escuelas para los niños de Gaza, así como de universidades y hospitales. Muchas asociaciones y ONG vinculadas a él trabajan al lado de los gazatíes para mejorar su vida cotidiana. Tras la Operación Plomo Fundido, sus militantes se dedican a limpiar las calles tras los bombardeos, y cuidan todo aquello que puede conservar los lazos sociales en una sociedad en la que la solidaridad es primordial.

La población también puede contar con la asistencia y el apoyo internacional, a pesar de que, tras la elección de Hamás, los Estados occidentales dejan de mandar ayuda —una ayuda que entre 1995 y 2005 representaba el 60 % de las ayudas recibidas por la Autoridad Palestina—. Los países occidentales ahora prefieren pagar esta ayuda a algunas ONG, afectando así gravemente a los recursos públicos palestinos. Estas ONG, así como numerosas asociaciones y las Naciones Unidas, trabajan sobre el territorio gazatí para acompañar a la población de Gaza en periodo de ataques militares y en tiempos de relativa calma, a pesar de las dificultades. En particular, destacan los problemas para hacer entrar el equipamiento necesario por el puesto de control de Erez, al norte de Gaza, reservado para la ayuda internacional.

La agencia de las Naciones Unidas UNRWA trabaja, por su parte, a favor de la salud, la educación y la lucha contra la pobreza de los refugiados palestinos de Gaza, dentro y fuera de los ocho campamentos. El 1 de julio de 2014, esta gestionaba 245 escuelas para un total de 232 500 niños, y 28 centros de salud que también sirven como refugios durante los ataques israelíes. También se dedica a crear puestos de trabajo y a proporcionar productos de primera necesidad a la población. No obstante, sus infraestructuras y su personal a menudo son víctimas de la guerra.

La opinión internacional, conmocionada por la situación de la población de la Franja de Gaza, multiplica los grupos de presión y las manifestaciones de apoyo, y muchas asociaciones tratan de intervenir en el territorio palestino. La campaña BDS (boicot, desinversiones y sanciones), seguida en muchos países, aunque a menudo es declarada ilegal —cabe destacar el caso de Francia—, invita a los consumidores a boicotear los productos procedentes de los asentamientos israelíes. También se llevan a cabo muchas acciones dirigidas a los niños, víctimas directas de la guerra. La asociación EJE ofrece, por ejemplo, centros educativos en los campos de refugiados, mientras que el Centro de la Paz, establecido en la Universidad de Al Aqsa, busca proporcionar apoyo psicológico a los jóvenes gazatíes.

Estas asociaciones y ONG se enfrentan a menudo a la prohibición de las autoridades israelíes de visitar el territorio palestino, que llegan incluso a reprimir violentamente los intentos de intrusión en el territorio de Gaza, como muestra el triste y famoso episodio de la flotilla de la Libertad (Free Gaza) a finales de mayo de 2010. Ese año, el movimiento Free Gaza, ayudado por la asociación turca IHH, organiza un convoy de seis barcos que transportan más de 10 000 toneladas de material y ayuda humanitaria. Se trata de la tercera tentativa en dos años de realizar tal acción; la primera consiguió desembarcar en el puerto de Gaza el 28 de octubre de 2008. El 31 de mayo de 2010, en las aguas internacionales frente a Gaza, algunos comandos de la Marina israelí lanzan un ataque contra el convoy, matando a nueve personas e hiriendo a decenas. La indignación es general y vuelve a situar el bloqueo de Gaza bajo el punto de mira.

Además de proporcionar asistencia, el objetivo de los

activistas es desvelar ante el mundo la situación en la que se encuentran los habitantes de Gaza, a través de películas, documentales y testimonios. En este sentido, las asociaciones israelíes no se quedan atrás: la organización B'Tselem («a su imagen y semejanza») busca denunciar las violaciones de los derechos humanos en los territorios ocupados; también existe la ONG Breaking the Silence («Rompiendo el silencio»), compuesta por excombatientes israelíes que buscan revelar las faltas graves cometidas por el ejército en los mismos territorios. Así, a principios de 2015, publican los testimonios de unos sesenta soldados que participaron en la Operación Margen Protector del verano de 2014, denunciando los excesos de las órdenes del Tzahal.

¿DETENER EL CONFLICTO? LA IMPOTENCIA DE LA COMUNIDAD INTERNACIONAL

Durante la Operación Margen Protector, mientras que las manifestaciones de apoyo a Gaza se multiplican en el mundo, la opinión pública se asombra ante la ausencia de reacción por parte de la comunidad internacional, que muestra toda su impotencia para acabar con el conflicto.

Sin embargo, desde el inicio de la guerra de Gaza, la ONU multiplica las resoluciones y los llamamientos al cese de los combates y al fin del bloqueo. Durante la Operación Plomo Fundido, se producen por lo menos cuatro peticiones directas de la ONU a Israel, reforzadas por intervenciones de la Unión Europea, de los Estados Unidos, de Egipto y de Rusia, a las que puede sumarse la condena pública del bloqueo por parte del secretario general de la ONU del momento,

Ban Ki-Moon (nacido en 1944), el 3 de julio de 2010. Sin embargo, puesto que estas resoluciones no son vinculantes, no logran que Israel ceda. Por consiguiente, la ONU opta por hacer entrar a Palestina en los organismos internacionales: su entrada en la UNESCO se produce el 23 de noviembre de 2011, y en la Asamblea General de las Naciones Unidas —como Estado no miembro— el 29 de noviembre de 2012. Sin embargo, esto sigue estando muy por debajo de lo que esperaba la Autoridad Palestina, que el 21 de enero de 2009 había presentado una petición ante el Tribunal Penal Internacional (TPI), y luego otra el 23 de septiembre de 2011 ante la ONU, para convertirse en miembro de pleno derecho de esta última.

Asimismo, Palestina se topa constantemente con el bloqueo de los Estados Unidos que, como miembros del Consejo de Seguridad, vetan a menudo este tipo de decisión y no dudan en presionar al organismo internacional con amenazas que, en especial, conciernen a la retirada de su financiación. Cabe destacar que ya suspendieron su aportación financiera a la UNESCO tras la adhesión de Palestina, y que bloquearon su petición de adhesión al TPI. El apoyo de los Estados Unidos al Estado de Israel es conocido e incluso está inscrito en la ley federal a través de la United States-Israel Enhanced Security Cooperation Act («ley israelo-estadounidense de cooperación en materia de seguridad»). El episodio del informe Goldstone es un claro ejemplo de ello. Richard Goldstone, un antiguo juez sudafricano, recibe la misión del Consejo de Derechos Humanos de las Naciones Unidas de llevar a cabo una investigación sobre los posibles crímenes de guerra cometidos durante la Operación Plomo Fundido.

El informe, presentado el 15 de septiembre de 2009, acusa sobre todo al ejército israelí de haber utilizado armas prohibidas por las convenciones internacionales, como las bombas de fragmentación y de fósforo. Sin embargo, los Estados Unidos, que proporcionan estas armas en el marco del plan de ayuda militar acordado a Israel desde 2008, se oponen a toda persecución. Finalmente, la ONU adopta una resolución que pide a los israelíes y a los palestinos que realicen investigaciones internas, que no darán ningún fruto.

Por otra parte, a los países occidentales también les cuesta posicionarse en la guerra de Gaza ya que ven a Israel, con el que comparten valores comunes, como uno de los suyos. Esta sensación se acentúa, en el caso de los países europeos, por su responsabilidad en el genocidio judío perpetrado por los nazis. Además, Israel presenta una oportunidad comercial que las economías de estos países no pueden rechazar. Aunque la Unión Europea multiplica sus posicionamientos y peticiones de sanciones contra Tel Aviv, su margen de maniobra entre los Estados Unidos e Israel es extremadamente reducido. Sin embargo, el peso de la opinión pública obliga poco a poco a la Unión Europea a actuar. Así, el 1 de enero de 2014, esta excluye del beneficio del acuerdo de asociación a toda entidad con actividades en los territorios ocupados.

La posición de los otros países es igualmente ambigua. Rusia, por ejemplo, mantiene una relación privilegiada con Israel, al tiempo que continúa con sus conversaciones con Hamás, mientras que la mayoría de los países llamados emergentes condenan con vehemencia las operaciones militares llevadas a cabo por Israel en la Franja de Gaza. En cuanto a los países árabes, que a menudo también se encuentran en situaciones confusas —dada la inestabilidad en la región—, utilizan Gaza para apoyar su política regional. Así, Irán y Qatar proporcionan apoyo financiero a Hamás, mientras que Egipto se posiciona como mediador. Turquía, aunque no desea romper sus relaciones con Israel a pesar de varios incidentes diplomáticos, después de la destrucción causada por la Operación Margen Protector ofrece una ayuda de 200 millones de euros para la reconstrucción de Gaza, así como la instalación de un barco frente al enclave para que sirva de central eléctrica temporal hasta que se repare la central de Gaza. Sin embargo, Israel rechaza su propuesta.

Paralelamente al inicio de la guerra de Gaza, los Estados Unidos intentan reanudar el proceso de paz, que se encuentra en un punto muerto desde los fracasos de los Acuerdos de Oslo y de Camp David. Entonces, a partir de diciembre de 2006, se establecen tímidos contactos entre Ehud Olmert (político israelí, nacido en 1945) y Mahmud Abás. En marzo de 2007, los Estados árabes, por su parte, proponen implicarse en las negociaciones de paz, algo que el bando israelí rechaza. El 27 de noviembre de 2007, los estadounidenses inician el proceso de negociación de Annapolis, cuyo objetivo declarado es la creación de un Estado palestino. Los altos responsables estadounidenses multiplican los viajes a Oriente Próximo y Medio, pero se topan con la negativa de Israel a detener los asentamientos y tratar con Hamás. El proceso de paz se encuentra de nuevo en un impase, y Al-Yazira publica en enero de 2011 los Palestine Papers, 1700 documentos secretos procedentes de las negociaciones y transmitidos por la delegación palestina que revelan su posición de extrema debilidad frente al dúo Estados Unidos-Israel. Con todo, las negociaciones vuelven a reanudarse en verano de 2013 bajo los auspicios de John Kerry (político estadounidense, nacido en 1943), sin resultados, e Israel suspende las conversaciones debido a un nuevo acuerdo de reconciliación entre Hamás y la OLP. En efecto, desde 2011, Hamás y Fatá tratan de reconciliarse con la ayuda de Egipto y bajo la presión de la opinión pública palestina. El 3 de mayo de 2011, Mahmud Abás y Jaled Mashal firman en El Cairo un acto de reconciliación creando un Gobierno de unidad para preparar unas elecciones legislativas y presidenciales conjuntas en Cisjordania y Gaza, y Hamás apoya abiertamente la solicitud de adhesión de la OLP a la ONU. Pero el Acuerdo de El Cairo encuentra muchas dificultades para llevarse a cabo, así como la decisión, el 6 de febrero de 2012, de reestructurar la OLP para que integre a Hamás, a pesar de la reafirmación por parte de las fuerzas palestinas en junio de 2013 de su voluntad para trabajar para la reconciliación.

REPERCUSIONES

UNA GUERRA QUE AHORA ESTÁ SILENCIADA

Desde finales del verano de 2014, se instaura una nueva paz relativa en Gaza, y la ayuda humanitaria sigue llegando a duras penas al enclave palestino. Sin embargo, aunque cada ataque del ejército israelí contra los gazatíes causa conmoción, la atención concedida a la guerra de Gaza está condicionada por la actualidad. El conflicto aparece algunas veces en los medios de comunicación, pero rápidamente queda relegado a un segundo plano cuando ocurren otros acontecimientos en la región, como con las revoluciones árabes de 2011. Actualmente, la situación en Siria, las luchas confesionales y el auge del terrorismo desvían las miradas de Gaza, aun cuando el enclave palestino sigue estando en una situación extremadamente difícil debido al bloqueo. Su levantamiento permitiría la recuperación económica de la Franja de Gaza, pero la ausencia de iniciativas vinculantes por parte de la comunidad internacional hace que el conflicto perdure.

EL RECONOCIMIENTO DEL ESTADO PALESTINO

Hoy en día, la guerra de Gaza se desarrolla sobre todo en el plano legislativo. Los países del mundo, que desean evitar cualquier implicación militar, responden uno a uno al llamamiento de la Autoridad Palestina para el reconocimiento de un Estado palestino dentro de los límites establecidos en 1967. Sin embargo, los grupos extremistas de Gaza cuestionan estos límites, ya que mantienen al enclave en su situación de aislamiento. A finales de 2014, 135 Estados habían reconocido la existencia del Estado palestino —los últimos en hacerlo, Gran Bretaña y Francia—. Este reconocimiento resulta, a principios de enero de 2015, en la revisión por parte del Tribunal Penal Internacional de la solicitud palestina, que entonces puede ratificar el Tratado de Roma. Pero esta nueva situación jurídica de Palestina preocupa mucho a Israel. Como estado, ahora Palestina tiene, efectivamente, la posibilidad de adherirse a tratados internacionales y de recurrir al TPI. Además, si el Estado palestino es reconocido oficialmente (mientras que la Franja de Gaza hasta entonces se consideraba que formaba parte del estado de Israel), esto significa que el ejército israelí se convierte en una fuerza de ocupación y que cualquier intrusión en el suelo gazatí implicaría una violación de los tratados internacionales.

BALANCE SOBRE LA SITUACIÓN ACTUAL

Los primeros meses de 2015 muestran que la guerra de Gaza aún no va camino de acabarse. La victoria del Likud y de Benjamín Netanyahu en las elecciones legislativas de marzo de 2015 en Israel consolida la política llevada a cabo contra Gaza, mientras que los israelíes temen cada vez más la fuerza de tiro de Hamás, que ahora puede alcanzar Jerusalén y Tel Aviv. En el bando palestino, los intentos de reconciliación entre Hamás y Fatá se estancan y, pese a los nuevos llamamientos a la unidad por parte de la población, Hamás no parece estar dispuesto a compartir el poder en Gaza y trata de conseguir nuevos apoyos en Qatar y Arabia Saudita. Sin embargo, Hamás muestra su voluntad de mantener la calma en la Franja de Gaza, pero cada vez le es más difícil contener a los grupos extremistas presentes en el lugar, que se niegan a acabar con la lucha armada.

A finales de 2014, el Centro Cultural Francés, el organismo extranjero más visible en Gaza, es objetivo de explosiones, y los atentados contra responsables políticos de Hamás o de Fatá o, incluso, contra edificios públicos y privados, se vuelven habituales. El 4 de mayo de 2015, la sede de la seguridad de Hamás es el objetivo de un atentado bomba perpetrado por islamistas radicales. Aunque los especialistas estiman que ningún grupo extremista de Gaza todavía ha jurado lealtad a Dáesh (o EI, por sus siglas de Estado Islámico), se inquietan en vista del auge de estos radicales, cuya actitud contribuye al aumento de las tensiones en y contra Gaza.

EN RESUMEN

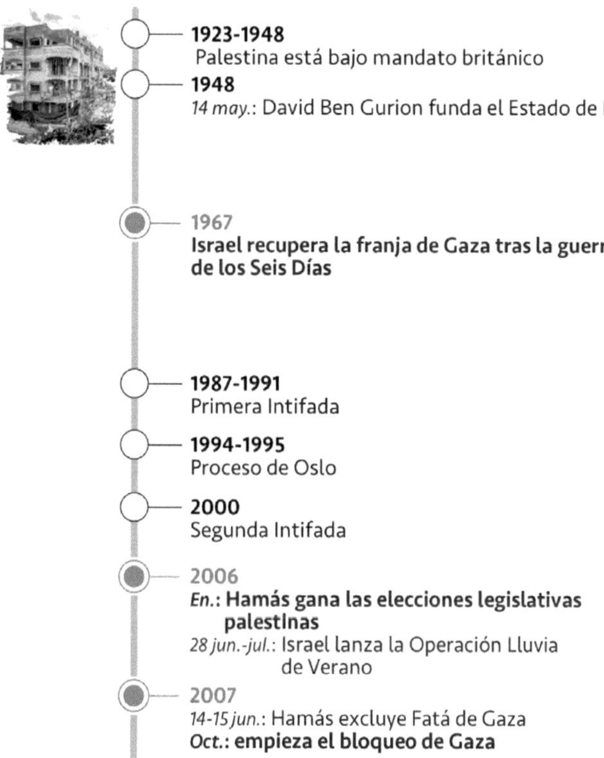

1923-1948
 Palestina está bajo mandato británico

1948
14 may.: David Ben Gurion funda el Estado de Israel

1967
Israel recupera la franja de Gaza tras la guerra de los Seis Días

1987-1991
Primera Intifada

1994-1995
Proceso de Oslo

2000
Segunda Intifada

2006
En.: **Hamás gana las elecciones legislativas palestInas**
28 jun.-jul.: Israel lanza la Operación Lluvia de Verano

2007
14-15 jun.: Hamás excluye Fatá de Gaza
Oct.: **empieza el bloqueo de Gaza**

- El 26 de enero de 2006, Hamás gana las elecciones legislativas en Palestina. Los países occidentales inmediatamente suspenden su ayuda directa al Gobierno palestino. Se lanzan los primeros cohetes al sur de Israel y, tras la captura del soldado Guilad Shalit el 25 de junio, el ejército israelí lanza la Operación Lluvia de Verano.

- Durante la noche del 14 al 15 de junio de 2007, Hamás toma el control total de la Franja de Gaza tras meses de enfrentamientos con Fatá. El 19 de septiembre, Israel declara el enclave palestino territorio hostil y establece un bloqueo.

- En noviembre de 2007, los Estados Unidos reanudan el proceso de paz en Annapolis. Los intentos de negociaciones se topan, hasta hoy, con la negativa de Israel a congelar su política colonial y a reconocer el Estado palestino, mientras que Hamás, por su parte, sigue negándose a aceptar la existencia de Israel.

- Del 27 de febrero al 3 de marzo de 2008, Israel lanza la Operación Invierno Caliente en la Franja de Gaza, tras una serie de enfrentamientos con Hamás. Egipto, por su parte, decide construir un muro en su frontera con Gaza.
- El 8 de abril de 2008, Hamás lleva a cabo la Operación Romper el Cerco y lanza comandos en los puestos fronterizos. El 30 de abril se concluye una primera tregua, consolidada por la del 19 de junio válida por seis meses.
- El 27 de diciembre de 2008, el ejército israelí lanza la Operación Plomo Fundido, que dura hasta el 17 de enero de 2009. La violencia de los combates y la magnitud de la destrucción impulsan a la ONU a investigar posibles crímenes de guerra cometidos por Israel y Hamás. El informe Goldstone, presentado a la Asamblea General de la ONU el 15 de septiembre de 2009, acaba por no desembocar en mayores consecuencias.
- El 31 de mayo de 2010, una flotilla humanitaria intenta romper el bloqueo, pero es violentamente abordada en aguas internacionales por el ejército israelí. Este ataque causa una gran conmoción entre la opinión pública, pero no se imputan cargos contra el Tzahal.
- El 3 de mayo de 2011, se alcanza un acuerdo entre Hamás y Fatá para la reconciliación. Es renovado varias veces, pero no se materializa.
- Del 14 al 21 noviembre de 2012, el ejército israelí lleva a cabo la Operación Pilar de Defensa en la Franja de Gaza contra los grupos armados palestinos.
- El 8 de julio de 2014, Israel inicia en Gaza la Operación

Margen Protector tras el secuestro y asesinato de tres estudiantes israelíes. La operación tiene una duración de 50 días y es particularmente violenta y mortífera.

- Desde entonces, las tensiones persisten entre las dos entidades y las condiciones de vida de los refugiados continúan deteriorándose en Gaza.

¡Tu opinión nos interesa!
¡Deja un comentario en la página web de tu librería en línea,
y comparte tus favoritos en las redes sociales!

PARA IR MÁS ALLÁ

FUENTES BIBLIOGRÁFICAS

- Abuelaish, Izzeldin. 2012. *Je ne haïrai point: un médecin de Gaza sur les chemins de la paix*. París: J'ai lu.
- A.I.D.A. 2015. *Sortir de l'impasse à Gaza*. Oxford: Oxfam GB.
- Blanc, Pierre, Jean-Paul Chagnollaud y Sid-Ahmed Souiah. 2014. *Atlas des Palestiniens, un peuple en quête d'un État*. París: Autrement.
- Boussois, Sébastien. 2014. *Gaza: l'impasse historique*. París: Éditions du Cygne.
- Boussois, Sébastien. 2014. *Israël entre quatre murs: la politique sécuritaire dans l'impasse*. Bruselas: GRIP.
- Butt, Gerald. 2011. *Gaza au carrefour de l'histoire*. París: Encre d'Orient.
- Fondation Gabriel Péry. 2014. *État de Palestine: quelles perspectives?* Pantin: Fondation Gabriel Péry.
- Filiu, Jean-Pierre. 2014. *Histoire de Gaza*. París: Pluriel.
- Gerardot, Maie y Philippe Lemarchand. 2011. *Géographie des conflits*. Neuilly: Atlante.
- Giblin-Delvallet, Béatrice. 2012. *Géographie des conflits*. París: La Documentation française.
- Gilbert, Mads. 2014. "Brief Report to UNRWA: The Gaza Health Sector as of June 2014". *UNRWA*. s. f. Consultado el 30 de mayo de 2017. http://www.unrwa.org/resources/reports/report-unrwa-gaza-health-sector-june-2014
- Gresh, Alain. 2011. *Les 100 clés du Proche-Orient*. París: Pluriel.
- Guine, Anouk. 2015. "Ziad Medoukh: 'À Gaza, on résiste

pour exister et on existe pour résister'". *L'Humanité*. 21 de abril. Consultado el 30 de mayo de 2017. http://www. humanite.fr/ziad-medoukh-gaza-resiste-pour-exister-et-existe-pour-resister-571874

- Hessel-Chabry, Christiane. 2011. *Gaza, j'écris ton nom*. Montpellier: Indigènes.
- i24News, "Analyse: le surprenant dilemme Abbas-Hamas pour Israël". Consultado el 5 de mayo de 2015. http://www.i24news.tv/fr/opinions/69921-150504-israel-a-tout-interet-pour-le-moment-a-la-reconciliation-palestinienne
- i24News, "Bordure protectrice: une ONG évoque la 'dérive morale' de l'armée israélienne". Consultado el 5 de mayo de 2015. http://www.i24news.tv/fr/actu/israel/diplomatie-defense/69973-150504-bordure-protectri-ce-une-ong-evoque-la-derive-morale-de-l-armee-israe-lienne
- i24News, "Le chef du Hamas remercie la Turquie pour son soutien aux Palestiniens". Consultado el 5 de mayo de 2015. http://www.i24news.tv/fr/actu/international/moyen-orient/55805-141227-mecha-al-en-faveur-d-une-cooperation-turco-palestinien-ne-pour-liberer-jerusalem
- i24News, "Le Fatah inquiet du rapprochement Hamas-Ryad". Consultado el 5 de mayo de 2015. http://www. i24news.tv/fr/actu/international/moyen-orient/70028-150505-le-fatah-inquiet-du-rapprochement-hamas-ryad
- i24News, "Une explosion vise le siège de la sécurité du Hamas à Gaza". Consultado el 5 de mayo de 2015. http://www.i24news.tv/fr/actu/international/moyen-orient/69950-150504-une-explosion-vise-le-siege-de-la-

securite-du-hamas-a-gaza

- Jaquet, Pierre. 2014. *L'État palestinien face à l'impuissance internationale*. París: L'Harmattan.
- Lamarche, Karine. 2013. *Militer contre son camp: des Israéliens engagés aux côtés des Palestiniens*. París: PUF.
- Mutin, Georges. 2012. *Géopolitique du monde arabe*. París: Ellipses.
- UNRWA, "Gaza Situation Report, 16 November". Consultado el 30 de mayo de 2017. http://unrwa.org/resources/reports/gaza-situation-report-16-november
- UNRWA. Consultado el 30 de mayo de 2017. https://www.unrwa.org/
- UNRWA, "Strategic Response to Gaza 2014 Hostilities". Consultado el 30 de mayo de 2017. http://unrwa.org/resources/reports/strategic-response-gaza-2014-hostilities
- Vidal, Dominique. 2014. *Palestine: le jeu des puissants*. París: Sindbad-Actes sud.

FUENTES COMPLEMENTARIAS

- Ait-Chaalal, Amine. 2010. *Proche-Orient: entre espoirs de paix et réalités de guerre*. Bruselas: GRIP.
- Allen, Lori. 2013. *The Rise and Fall of Human Rights: Cynicism and Politics in Occupied Palestine*. Stanford: Stanford University Press.
- Alterna, Aline, Henri Cohen Solal y Lucy Nusseibeh. 2015. *Penser la paix, penser l'impossible: le conflit israélo-palestinien*. París: Lignes, n.° 46.
- Amnesty International, "Gaza Platform: an Interactive Map of Israeli Attacks During the 2014 Gaza Conflict".

Consultado el 30 de mayo de 2017. https://gazaplatform.amnesty.org/

- Baldomir, Horacio y Félix Laviña. 1983. *Manual de política internacional contemporánea*. Buenos Aires: Depalma.
- Baroud, Ramzy. 2013. *Résistant en Palestine: une histoire vraie de Gaza*. Plogastel-Saint-Germain: Éditions Demi-Lune.
- Baumgasten-Sharon, Naama. 2014. *So Near and Yet So Far: Implications of Israeli-Imposed Seclusion of Gaza Strip on Palestinians' Right to Family Life*. Jerusalén: B'Tselem.
- Benbassa, Esther. 2009. *Être juif après Gaza*. París: CNRS Éditions.
- Berkowitz, Peter. 2012. *Israel and the Struggle Over the International Laws of War*. Stanford: Hoover Institution Press.
- Bouris, Dimitris. 2014. *European Union and Occupied Palestine Territories: State-Building Without a State*. Nueva York: Routledge.
- Boussois, Stéphane. 2010. "L'image d'Israël dans l'opinion occidentale: une lente dégradation". *Moyen-Orient*, n.º 7.
- Breaking the Silence. 2013. *Le livre noir de l'occupation israélienne. Les soldats racontent*. París: Autrement.
- IRIN news. 2010. "TPO: la barrière métallique égyptienne teste les nerfs des habitants de Gaza". 25 de marzo. *IRIN news*. Consultado el 30 de mayo de 2017. http://www.irinnews.org/fr/report/88573/tpo-la-barri%-C3%A8re-m%C3%A9tallique-%C3%A9gyptienne-tes-te-les-nerfs-des-habitants-de-gaza
- Le Nen, Dominique. 2014. *De Gaza à Jénine: au cœur de la Palestine*. París: L'Harmattan.

- Lovell, David W. 2015. *Investigating Operational Incidents in a Military Context: Law, Justice, Politics*. Boston: Brill Nijhoff.
- Meloni, Chantal y Giani Tognini. 2012. *Is There a Court for Gaza? A Test Bench for International*. La Haya: TMC Asser Press.
- Pappe, Ilan y Noam Chomsky. 2013. *Palestine, l'état de siège: conversation*. París: Galaade.
- UNRWA, "Flash Appeal". Consultado el 30 de mayo de 2017. http://www.unrwa.org/resources/emergency-appeals/gaza-flash-appeal-2014
- Zolo, Danilo. 2011. *Terrorismo humanitario: de la Guerra del Golfo a la carnicería de Gaza*. Madrid: Bellaterra.
- Tercinet, Josiane. 2012. *Proche-Orient et sécurité internationale*. Bruselas: Bruyland.

FUENTES ICONOGRÁFICAS

- Retrato de Mahmud Abás. La imagen reproducida está libre de derechos.
- Retrato de Benjamín Netanyahu. La imagen reproducida está libre de derechos.
- Destrucción de un barrio residencial tras la Operación Plomo Fundido. La imagen reproducida está libre de derechos.
- Imagen de la destrucción en Gaza tras la Operación Margen Protector. La imagen reproducida está libre de derechos.
- Descubrimiento de un túnel utilizado por Hamás. La imagen reproducida está libre de derechos.

PELÍCULA Y DOCUMENTALES

- *Hamas in Gaza*. Dirigido por Stéphane Marchetti. Francia: Play Prod y System TV, 2007.
- *Aisheen. Chroniques de Gaza*. Dirigido por Nicolas Wadimoff. Suiza y Qatar: JCC y Akka Films, 2010.
- *Gaza-strophe*. Dirigido por Samir Abdallah y Khéridine Mabrouk. Francia: L'Yeux Ouverts, Iskra y RFO, 2011.
- *Le Cochon de Gaza*. Dirigida por Sylvain Estibal, con Sasson Gabai, Baya Belal y Khalifa Natour. Francia-Bélgica-Alemania: Studio Canal, 2011.
- *Gaza Calling*. Dirigido por Nahed Awwad. Tunisia: Nahed AWWAD y Sinna Films, 2012.
- *Tant qu'il y aura un blocus*. Dirigido por Nicolas Dupuis y Matthieu Jeuland. Francia: Unik Production, 2012.
- *2014. Nacido en Gaza*. Dirigido por Hernán Zin. España: Underdog Films y La Claqueta PC, 2014.

También existen varios reportajes grabados en la Franja de Gaza, elaborados por militantes de B'Tselem, que se pueden ver en http://www.btselem.org/.